ZAYDAN ALKIMIN

ZÉ PELINTRA

DONO DA NOITE
REI DA MAGIA

4ª edição
5ª reimpressão

Rio de Janeiro
2020

Produção editorial
Pallas Editora

Capa
Eugênio Hirsh

Composição
Elaine Souza Caldas

Ilustrações
Krisnas

Todos os direitos reservados à Pallas Editora e Distribuidora Ltda. É vetada a reprodução por qualquer meio mecânico, eletrônico, xerográfico etc., sem a permissão por escrito da editora, de parte ou totalidade do material escrito.

CIP-BRASIL. CATALOGAÇÃO-NA-FONTE.
SINDICATO NACIONAL DOS EDITORES DE LIVROS, RJ.

A416z   Alkimin, Zaydan
            Zé Pelintra: dono da noite, rei da magia / Zaydan Alkimin [ilustrações Krisnas] — 4ª ed. — Rio de Janeiro: Pallas. 2012.
            98p.: il.

            ISBN 978-85-347-0264-5

            1. Zé Pelintra (espírito). 2. Catimbó. I. Título.

97-0534   CDD 299.63
                                                   CDU 299.6214

Pallas Editora e Distribuidora Ltda.
Rua Frederico de Albuquerque, 56 – Higienópolis
CEP 21050-840 – Rio de Janeiro – RJ
Tel./fax: (021) 2270-0186
www.pallaseditora.com.br
pallas@pallaseditora.com.br

À Veneranda Mestra do Catimbó cearense Aurelina dos Santos Novaes, sem a qual esta obra não seria possível.

ÍNDICE

INTRODUÇÃO 9
O CATIMBÓ NO FOLCLORE BRASILEIRO .. 13
   As raízes do Catimbó 19
AS HISTÓRIAS SOBRE O ZÉ PELINTRA ... 27
   – Zé Pelintra Valentão 29
   – José Phelintra de Aguiar 32
   – Zé Phelintra 35
   – José Gomes da Silva 36
   – Uma prova irrefutável 38
ZÉ PELINTRA NA LITERATURA DE
CORDEL 41
   – Manhas de um Catimbozeiro 43
MANIFESTAÇÃO DO ZÉ PELINTRA
NUMA MESA DE CATIMBÓ 53
   – Visitando uma Sessão de Catimbó na Bahia . 55
BANHOS RECOMENDADOS POR
ZÉ PELINTRA 59
   – Banhos de descarga 62
   – Banhos de firmeza 63
   – Cuidados especiais 64
O PONTO RISCADO DE ZÉ PELINTRA 65
PONTOS CANTADOS DE ZÉ PELINTRA ... 69

TRABALHOS OFERECIDOS A ZÉ PELINTRA 77
   - Trabalho para proteger dos inimigos 79
   - Trabalho para ter sorte no jogo 81
   - Trabalho para adquirir saúde 85
   - Trabalho para quebrar uma demanda 89
   - Trabalho para seduzir uma mulher 93
   - Trabalho para quem tem medo da noite . . . 97
BIBLIOGRAFIA. 101

INTRODUÇÃO

Nos arrabaldes de Recife, nos bairros simples da Paraíba ou em localidades distantes do centro de Salvador, abrigada em mocambos feitos de lata de querosene, outros melhores de taipa, alguns cobertos com telhas de barro ou em casas de alvenaria, a Mesa de Catimbó vai ser aberta para a fiel clientela de crentes.

Numa mesa estreita, forrada com impecável toalha branca, encontramos velas vermelhas e brancas acesas, juntamente com cachimbos, garrafas de Jurema, crucifixo, imagens de santos, pequenos alguidares, bonecos de pano, sapos cururus secos, fumo de rolo, amarrado de fitas e cordões.

O chefe da sessão defuma o local com incenso, cruzando e firmando os quatro cantos. Logo, sua possante voz quebra o silêncio recitando uma oração: "Senhores Mestres, eu quero, para isso peço licença, vou abrir a minha gira. Vamos trabalhar agora. Com os poderes do Pai Eterno, com a força de Nosso Senhor Jesus Cristo, vamos trabalhar. Meu São José, já acendemos as velas. Santa Cecília, varrei os caminhos. Meu Santo Antônio, nos pontos em guarda. Santa Luzia, abri meus olhos. Abre-te mesa, abre-te Ajucá, abrem-se portões e varandas reais."

Em seguida, o chefe inicia um ponto cantado:
"Glória no céu se deu
Nas portas do Juremá,
Abre e dá licença Sta. Teresa
Pr'os Senhores Mestres baixar."

Os cantos varam a escuridão da noite, ecoam sobre os telhados, voam para longe. Os que escutam sentem um arrepio na pele, como se um vento frio repentino lhes tivesse tocado. Na sessão, os Mestres se manifestam nos médiuns. Primeiro o Mestre Carlos da Jurema, o chefe espiritual do Catimbó. Depois Mestra Laurinda, sempre simples, meiga e preocupada com as crianças. Em seguida Seu Zé Pelintra, valentão, dá seus conselhos, responde às perguntas, toma uns goles de "marafo" e vai embora, deixando saudades como nos tempos de outrora.

Quando vivente, andando por este mundo, Seu Zé Pelintra fora malandro, jogador inveterado, defensor das prostitutas, amado por todos os que o conheciam. Sempre bem vestido a casemira ou linho branco, chapéu panamá na cabeça, sapato de cromo e gravata vermelha de seda pura, Seu Zé Pelintra não levava desaforo para casa. Falecido e envolto em muitas histórias, atinge o plano espiritual e se manifesta quando é solicitado para continuar sua missão.

Vamos conhecê-lo um pouco mais.

Zaydan Alkimin

O CATIMBÓ NO FOLCLORE BRASILEIRO

O folclore constitui um sistema de representações – costumes, tradições, crenças, mitos e formas de manifestação artística – que expressa um modo de vida particular, um meio de interpretar a realidade social e o ambiente geográfico, de ordenar a vida em sociedade e de exprimir os valores básicos da cultura.

Enquanto o saber erudito é transmitido através de escolas e livros, o folclore utiliza-se da comunicação oral – falada, declamada ou cantada – para se perpetuar entre as sucessivas gerações.

De acordo com o **Novo Dicionário Aurélio da Língua Portuguesa**, CATIMBÓ é uma variação da palavra CATIMBAU que significa "prática de feitiçaria ou baixo espiritismo".

Uma outra significação de CATIMBAU está na sua origem hispano-americana, indicando "homem ridículo".

Entretanto, CATIMBÓ significa muito mais que estas simples definições acadêmicas. Na verdade, o Catimbó está tão misturado à vida do nosso povo que podemos encontrar palavras oriundas dele até nos esportes, entranhadas definitivamente no linguajar do brasileiro.

Quem nunca ouviu os locutores esportivos dizerem que determinado jogador está fazendo "catimba" para ganhar o jogo? CATIMBAR significa, entre outras coisas, demandar, usar de astúcia, usar malícia.

Existem documentos comprovando a existência de inúmeras práticas de magia no nordeste brasileiro, desde o ano de 1781. Por outro lado, diz-nos o escritor Gilberto Freyre que tais práticas não eram de origem exclusivamente africana. O primeiro volume de documentos relativos às atividades do Santo Ofício no Brasil registra vários casos de bruxas portuguesas. Suas práticas podem ter recebido influência africana, em essência; porém, foram expressões do satanismo europeu que ainda hoje se encontram entre nós, misturadas à feitiçaria africana ou indígena. Antônia Fernandes, conhecida por **Nobrega**, dizia-se "aliada do Diabo" e dava consultas. Quem respondia por ela era "certa cousa que falava, guardada num vidro". Esta era uma clara demonstração da magia medieval do mais puro saber europeu. Outra portuguesa, Isabel Rodrigues, ou **Boca-Torta,** fornecia pós milagrosos e ensinava orações fortes. A mais célebre de todas, Maria Gonçalves, conhecida como **Arde-lhe-o-Rabo**, ostentava as maiores intimidades com o Diabo. Enterrando e desenterrando botijas, os bruxedos de **Arde-lhe-o-Rabo** ligavam-se quase todos a problemas de impotência e esterilidade. A clientela dessas feitiçarias era formada quase que exclusivamente por nobres, aristocratas e outras classes, infelizes ou insaciáveis.

Em Portugal a bruxaria chegou a envolver a vida de pessoas cultas e ilustres. Júlio Dantas retrata o próprio Dom Nuno da Cunha, Inquisidor-mor do reino, no tempo de Dom João V, todo embrulhado na púrpura de cardeal, "espécie de bicho-da-seda", a tremer com medo de bruxas e seus feitiços. Doutores ilustres, espíritos adiantados daquela época tais como o Doutor Curvo Semedo, que recomendava aos seus pacientes, contra a infidelidade conjugal, "certa bruxaria feita às palmilhas do sapato da mulher e do marido." Boticários astutos, de capas negras e grandes fivelas de prata nos sapatos, faziam fortuna vendendo a erva "pombinha" defumada com dentes de defunto lançados sobre tijolos em brasa – estranho feitiço que despertava para o amor o organismo decrépito dos velhos e a frigidez desdenhosa dos moços.

O amor foi grande motivo em torno do qual sempre girou a bruxaria. Já em Portugal, havia feiticeiros, bruxas, benzedeiras, especialistas em sortilégios afrodisíacos, os quais se fizeram necessários aqui na Colônia, já que eram muitos os problemas a serem resolvidos. As doenças tropicais, as riquezas minerais por serem descobertas e todo tipo de dificuldade social e de adaptação requeriam a presença dos feiticeiros, que vislumbravam a perspectiva de riqueza fácil, já que seus sortilégios lhes renderiam frutos compensadores entre os fidalgos, comerciantes e colonos. Os que chegavam de Portugal vinham impregnados de crenças em feitiçaria. A feitiçaria de direta origem africana aqui se desenvolveu neste lastro europeu.

Da mesma forma como em Portugal, a feitiçaria no Brasil continuou a girar em torno do motivo amoroso, de interesses de geração e de fecundidade; a proteger a vida da mulher grávida e a criança ameaçada por tantos males – febres, cãibra de sangue, mordedura de cobra, espinhela caída, mau-olhado. A mulher grávida passou a ser profilaticamente resguardada desses e de outros males por uma série de práticas que às influências africanas misturaram-se muitas vezes descaracterizadas: traços de liturgia católica e sobrevivências de rituais indígenas. O Catimbó, pode-se dizer, é um extrato desta fantástica mistura ocorrida na região do nordeste brasileiro.

O caboclo, o sertanejo nordestino, iletrado, mas curioso e inventivo com as suas coisas, foi juntando, daqui e dali, usos, orações, fórmulas, mandingas e segredos, e passou a usá-los em seu próprio benefício. O Catimbó, portanto, surgiu espontaneamente, como produto natural dos usos e costumes nordestinos, recebendo as cores da terra.

AS RAÍZES DO CATIMBÓ

Ao observarmos as atividades dos praticantes do Catimbó, encontraremos nitidamente a influência da cultura africana, indígena e europeia, mescladas nos costumes nordestinos. Vindas de Portugal, desabrocharam aqui várias crenças e magias sexuais: a de que a raiz de mandrágora atrai a fecundidade e desfaz malefícios contra os lares e a propagação das famílias; o hábito das mulheres trazerem ao pescoço, durante a gravidez, "pedras d'ara" dentro de um saquinho; o cuidado de não passarem debaixo de escadas quando estiverem prenhes, sob o risco dos filhos não crescerem; o hábito de cingirem-se, quando aperreadas pelas dores do parto, com o cordão de São Francisco; o de fazerem promessas a Nossa Senhora do Bom Parto, do Bom Sucesso, do Ó, da Conceição, das Dores, no sentido de um parto menos doloroso ou de um filho são ou bonito. Atendido o pedido por Nossa Senhora, pagava-se a promessa, que consistia muitas vezes em dar à criança o nome de Maria, razão pela qual existem tantas Marias no Brasil, principalmente na região do Nordeste brasileiro. Outras vezes, a promessa era paga vestindo-se de anjo nas procissões a criança nascida; estudando para padre; tornando-se freira; deixando o cabelo crescer até criar longos cachos que servissem para ofertar à imagem do senhor Bom Jesus dos Passos; vestindo-se até a idade de doze ou treze anos de branco e azul, ou só de branco em homenagem à Virgem Maria.

Mas, de fato, o grosso das práticas de magia, principalmente sexual, que serviram de base para o afloramento do Catimbó, foram coloridas pelo intenso misticismo do negro, algumas trazidas por eles da África, outras africanas apenas na técnica, servindo-se de bichos e ervas indígenas. Nenhuma mais característica que a feitiçaria do sapo para apressar a realização de casamentos demorados. O sapo tornou-se também, na magia sexual afro-brasileira, o protetor da mulher infiel que, para enganar o marido, basta tomar uma agulha enfiada em retrós verde, fazer com ela uma cruz no rosto do indivíduo adormecido e coser depois os olhos do sapo. Por outro lado, para conservar o amante sob seu jugo, basta que a mulher viva com um sapo debaixo da cama, dentro de uma panela de barro. Neste caso, um sapo vivo e alimentado a leite de vaca. Encontramos, em práticas catimbozeiras, um feitiço feito cosendo-se a boca de um sapo depois de cheia de restos de comida deixada pela vítima. Outros animais ligados à magia sexual afro-brasileira são o morcego, a cobra, a coruja, a galinha, o pombo, o coelho e o cágado, entre outros.

Quanto às ervas, muitas foram trazidas da África pelos negros, outras já eram utilizadas pelos indígenas. Algumas são tão violentas, que produzem tonturas, apenas trituradas com a mão. Outras que se bebem, se mascam, ou se fumam, tragando, como a maconha, a jurema e outras. Até mesmo o caranguejo é instrumento de magia sexual: preparado com três ou sete pimentas-da-costa e atirado ao solo, produz desarranjos no lar doméstico.

A perícia no preparo de feitiços sexuais e afrodisíacos chegou a render prestígio a escravos feiticeiros junto a senhores em idade avançada e fracos.

Conta-se que um Barão do Império, que morreu octogenário, era muito camarada das bruxas e dos curandeiros que o aprovisionavam de afrodisíacos. Morreu tendo ao lado mucamas púberes e impúberes, com as quais tinha relações sexuais, "proporcionando-lhes as últimas sensações de homem."

O Marquês de Marialva teve sua velhice em Portugal, rodeado de "anjinhos", ou seja, crianças vestidas de anjos, sendo que estas lhe prodigalizavam toda espécie de carícias.

Também não podemos esquecer o papel importante que chegou a representar o café na magia afro-brasileira. Há mesmo no Brasil a expressão "café mandingueiro". Trata-se de um café com mandinga dentro: muito açúcar e alguns coágulos do sangue menstrual da própria enfeitiçante. Um filtro amoroso também é preparado com café bem forte, muito açúcar e sangue de mulata. Há outra técnica: coar-se o café na fralda de uma camisa com que tenha dormido a mulher pelo menos duas noites consecutivas. Este café deve ser bebido pelo homem duas vezes, uma no almoço, outra no jantar. Aliás, a fralda suja de camisa de mulher entra na composição de muita mandinga de amor. Entram também outras coisas, como: pelos de sovaco ou das partes genitais, suor, lágrimas, saliva, sangue, aparas de unhas, esperma, sangue menstrual, além de outros ingredientes. De acordo com a tradição, o catimbozeiro, de posse de qualquer destas substâncias, abranda o coração de qualquer pessoa.

Existem catimbozeiros que confeccionam bonecos de cera ou de pano, com a finalidade de atingir as pessoas que desejam enfeitiçar. Sobre estes calungas operam os **eguns** (espíritos de mortos que retornam à terra). No mais, é só apertar o boneco, espetá-lo ou machucá-lo de algum modo para que se reflita na pessoa distante.

Há outro feitiço que consiste em cortar à tesoura cruzes na camisa do homem, bem no meio do peito. Para isso, roubam-se peças das trouxas de roupas.

Procurando as raízes do Catimbó, vamos encontrar, fortemente entrelaçadas, duas correntes místicas: a portuguesa, de um lado; a africana e a ameríndia, do outro. Em torno do recém-nascido também sempre girou magia e feitiçaria. Os cuidados profiláticos de mãe e ama (geralmente mãe de leite, escrava africana ou índia) confundiram-se, sob a mesma onda de ternura maternal, quer os cuidados de higiene do corpo, quer os espirituais, contra os quebrantos e maus-olhados.

Na proteção mística do recém-nascido, salientou-se porém a ação da ama africana. Tradições portuguesas

trazidas pelos colonos: a do cordão umbilical ser atirado ao fogo ou rio, sob pena de o comerem os ratos, dando a criança para ladra; a da criança trazer ao pescoço o vintém ou chave que cura os "sapinhos do leite"; a de não apagar a luz enquanto o menino não for batizado, para não vir a feiticeira, a bruxa ou o lobisomem chupar-lhe o sangue no escuro; a de se darem nomes de santos às crianças pois, do contrário, se arriscam a virar lobisomens, foram aqui modificadas ou enriquecidas pela influência da escrava africana e dos costumes indígenas.

Também as canções de berço portuguesas foram modificadas pela boca da ama negra, alterando nelas palavras; adaptando-as às condições regionais, ligando-as às crenças do índio e às suas. Assim, a velha canção "escuta, escuta, menino", aqui no Brasil, amoleceu-se e transformou-se em "durma, durma, meu filhinho". Passando Belém, de "fonte" portuguesa, a "riacho" brasileiro. Riacho de engenho, riacho com mãe-d'água dentro, em vez da moura-encantada de Portugal. O mato ficou povoado por "um bicho chamado carrapatu". E em vez do papão ou da coca, começaram a rondar o telhado ou o copiar das casas grandes, atrás dos meninos malcriados que gritavam de noite nas redes, ou daqueles que iam se lambuzar da geleia de araçá guardada na despensa – cabras-cabriolas, o boi-tatá, negros de surrão, negros velhos, papa-figos.

Deixou-se de ninar o menino cantando como em Portugal:

"Vai-te, coca, vai-te, coca,
Para cima do telhado:
Deixa dormir o menino
Um soninho descansado."

Passou-se a entoar a canção de ninar com as seguintes modificações:

"Olha o negro velho
Em cima do telhado.
Ele está dizendo
Quer o menino assado.

Na verdade a coca ou cuca não desapareceu de todo das canções de acalanto do Brasil. Ainda podemos encontrar uma quadrinha bastante conhecida no interior do Brasil:
"Durma, meu benzinho,
Que a cuca já evém;
Papai foi na roça,
Mamãe logo vem."

Mas é bastante natural que o prestígio da coca ou cuca portuguesa tenha empalidecido frente a fantasmas mais terríveis. Surgiram novos medos e assombrações, sobretudo, trazidos pelos negros ou assimilados dos índios pelos colonos brancos e pelos escravos que aqui nasciam. Juntaram-se às assombrações dos portugueses – coca, bicho-papão e lobisomem – aquelas trazidas da África, tais como: olharapos, cocaloba, farranca, Maria-da-Manta, do tangolo, do homem-das-sete-dentaduras, das almas penadas. Assim, o menino brasileiro dos tempos coloniais viu-se rodeado de maiores e mais terríveis mal-assombrados que todos os outros meninos do mundo. Nas praias o homem-marinho – terrível devorador de dedos, nariz e piroca de gente. No mato, o saci pererê, o caipora – o homem de pés às avessas –, o boitatá. Por toda parte, a cabra-cabriola, a mula-sem-cabeça, o tatu-marambá, o negro surrão, o mão-de-cabelo. Nos riachos e lagoas, a mãe-d'água. À beira dos rios, o sapo cururu. De noite, as almas penadas nunca faltavam e vinham lambuzar de "mingau das almas" o rosto dos meninos. Por isso mesmo nenhum devia deixar de lavar rosto ou tomar banho logo de manhã cedo. Um outro grande perigo: andar o menino na rua fora de hora. Fantasmas vestidos de branco, que aumentavam de tamanho – os "cresce-e-míngua" –, eram muito capazes de aparecer ao atrevido. E havia ainda o papa-figo, um homem que comia fígado de menino. Ainda hoje se afirma em Pernambuco que certo ricaço do Recife, não podendo se alimentar senão de fígado de criança, tinha seus negros por toda parte pegando menino num saco de estopa.

Também de Pernambuco nos chega uma história do afamado Cabeleira, o bandido dos canaviais pernambucanos, que foi finalmente enforcado em fins do século XIX. Cabeleira foi outro que se transformou num fantasma. Não houve menino pernambucano que, do fim da era colonial até os princípios do século XX – o século da luz elétrica que acabou com tanto mal-assombrado bom, para só deixar alguns outros, nas sessões de espiritismo –, não tremesse de horror ao ouvir o nome de Cabeleira. A negra velha só tinha de gritar para o menino chorão: "Cabeleira vem aí!" E o menino se calava imediatamente, engolindo o choro, entre soluços. Recolhemos do folclore pernambucano a seguinte quadrinha:

"Fecha porta,
Rosa Cabeleira é-vem.
Pegando mulheres,
Meninos também!"

Foi, portanto, nessa atmosfera impregnada de misticismo, fé e religiosidade, que nasceu o Catimbó – que é, por alguns, entendido como um esquema de feitiçaria branca, sem doutrina ética, que mistura o cachimbo do negro africano, o fumo indígena, o charuto europeu ao cigarro de palha do sertanejo.

O Catimbó produziu seus mitos próprios, em geral **eguns,** ou seja, pessoas que desencarnaram e atuam no plano astral mediante agrados que lhes são oferecidos.

Os catimbozeiros consideram o chefe espiritual do Catimbó o Mestre Carlos da Jurema, tendo outros mestres que atuam nas mesas, tais como: Mestra Laurinda, Zé Pelintra, Zinho, Pequeno, Jurumim, Dudu, Anabar, Mirim, Maria Brasilina, Iracema, Rainha de Tanema, Faustina, Balbina, Aliazaro, Eliza, Mariquinha, Iria, Mané Maió, Pai Chico da Porteira, Ciganinha, Indiano Velho e outros.

Dedicaremos este trabalho ao Zé Pelintra, com toda a sua magia, sedução e atuação nas mesas de CATIMBÓ.

AS HISTÓRIAS SOBRE ZÉ PELINTRA

ZÉ PELINTRA VALENTÃO

Qualquer um que se aventure a traçar a trajetória de um mito, certamente descobrirá que em torno dele existe um sem-número de histórias, muitas delas até inverossímeis, entretanto, impossíveis de refutação. O mito sempre se confunde com a realidade e, deste modo, ninguém pode contrariar a fé dos crentes, sob pena de alienar-se do mundo vibrante e mágico que envolve as crenças populares.

Sobre o Zé Pelintra, existem várias histórias contadas de boca em boca, tão cheias de ousadia e mistério quanto as de outros mitos nordestinos tais como o cangaceiro Lampião e sua parceira Maria Bonita; o bandido Cabeleira; o cangaceiro Corisco e tantos outros.

Todos os que conhecem ou ouviram falar do Zé Pelintra concordam ao menos num ponto: ele era um pernambucano "cabra da peste" que não levava desaforo para casa, frequentava os cabarés da cidade de Recife, defendia as prostitutas, gostava de música, fumava cigarros de boa qualidade e apreciava a bebida.

Contam que nasceu no povoado de Bodocó, sertão pernambucano, próximo à cidadezinha que leva o nome de Exu, a qual, segundo o próprio Zé Pelintra, quando se manifesta numa mesa de Catimbó, foi batizada com este nome em sua homenagem, já que sua família era daquela região antes mesmo de se tornar cidade.

Fugindo da terrível seca de meados do século XIX, a família de José dos Anjos rumou para a capital Recife em busca de uma vida melhor, mas o destino lhe roubou a mãe, antes mesmo que o menino completasse 3 anos e, logo a seguir, seu pai morreu de tuberculose. José dos

Anjos ficou órfão e teve que enfrentar o mundo juntamente com seus quatro irmãos menores. Cresceu no meio da malandragem, dormindo no cais do porto e sendo menino de recados de prostitutas. Sua estatura alta e forte granjeou-lhe respeito no meio da malandragem. Não apartava nunca de uma peixeira de seis polegadas de aço puro que ganhara de um marinheiro inglês com o qual fizera amizade.

Conta-se que, certa vez, Zezinho, como também era conhecido, teve que enfrentar cinco policiais numa briga no cabaré da Jovelina, no bairro de Casa Amarela.

Um dos soldados recebeu um corte de peixeira tão profundo no rosto que decepou-lhe o nariz e parte da boca. Doze tiros foram disparados contra Zezinho, mas nenhum deles o atingiu. Diziam que ele tinha o corpo fechado.

Naquele mesmo evento, Zezinho conseguiu desvencilhar-se dos soldados, ferindo-os gravemente, um dos quais veio a falecer dias depois. Antes que chegassem reforços, Zezinho já tinha fugido ileso, indo se esconder na casa do coronel Laranjeira, um poderoso usineiro pernambucano, protetor do rapazote. Contava ele, naquela ocasião, 19 anos de idade, e por este fato passou a chamar-se Zé Pelintra Valentão. Este apelido lhe foi dado pelos próprios soldados da polícia pernambucana. Pelintra significa pilantra, malandro, janota etc.

Tempos depois de sair do esconderijo, Zezinho, agora apelidado de Zé Pelintra Valentão, passou a fazer fama na cidade de Recife. Embora fosse querido por todos os que o conheciam, não perdia uma briga e sempre saía vitorioso.

Gigolô inveterado, tinha mais de vinte amantes espalhadas pela cidade, das quais obtinha dinheiro para sua vida boêmia. Sempre vestido em impecáveis ternos de linho branco, camisas de cambraia adornadas por uma gravata de seda vermelha e um lenço branco na algibeira do paletó; na cabeça um chapéu panamá e os sapatos de duas cores compunham-lhe o tipo. Não raro, poder-se-ia encontrá-lo sobraçando um violão pequenino, indo ou vindo das serestas, dos cabarés e dos botequins que frequentava Nunca lhe faltava dinheiro no bolso, nem amigos para mais um trago.

Aos domingos, todos podiam ver Zé Pelintra Valentão entrando na Igreja de Nossa Senhora do Carmo, no centro de Recife, para fazer suas orações. Dizia-se também devoto de Santo Antônio, e assim, no dia 13 de junho, dia consagrado ao Santo, lá estava o Zé Pelintra Valentão, impecável com seu terno de casimira, pronto para a procissão pela avenida Conde de Boa Vista.

A morte de Zé Pelintra Valentão ocorreu misteriosamente. Conta-se que aos 41 anos, ainda muito moço, Zé amanheceu morto, sem nenhum vestígio de ferimento externo. Soube-se, entretanto, que Zulmira, uma das suas amantes, tinha feito um "trabalho" para ele. Tinha um filho, que Zé Pelintra se recusava a registrar como dele. Zulmira tinha um ciúme doentio de Zé Pelintra, e por causa dela ele já estivera envolvido em muitas brigas e confusões. Ela queria Zé Pelintra só para si. Assim, contam que lhe dera um prazo de sete semanas para que ele deixasse as outras amantes e fosse para a sua casa no bairro de Tamarineira. Zé Pelintra não foi e acabou sendo envenenado. Zulmira, depois da morte dele, sumiu de Recife e nunca mais se soube dela nem do filho.

JOSÉ PHELINTRA DE AGUIAR

Conta-se também que existiu no Recife, lá pelo fim do século XIX, um rapaz da classe média pernambucana, filho único de uma família bastante conhecida. A família Aguiar, embora não fosse tradicional ou possuidora de grande fortuna, dominava o comércio de secos e molhados no centro da capital, com um bem instalado armazém.

Manoel Phelintra de Aguiar, descendente de português, por seu segundo casamento desposou uma negra, de traços finos e bem aparentada. Por parte de sua família houve total desaprovação, por ela ser negra. Balbina, esposa de Manoel Aguiar, era "filha de santo" do terreiro de Mãe Diná **(Obatundê)** e logo tratou de proteger o seu filho das ameaças da família do marido.

Na verdade, a família de Manoel Aguiar, bastante numerosa, não estava feliz com aquele mulato andando no meio deles, um possível herdeiro. Não toleravam Balbina, entretanto a tinham como mais uma escrava, cujos direitos se limitavam apenas a servir ao patrão. José Phelintra de Aguiar, como foi batizado o filho de Balbina e Manoel Aguiar, era um intruso na família, mesmo sendo protegido pelo pai que muito o amava.

Parte da adolescência de José Phelintra foi vivida fora de casa, junto aos malandros do cais do porto, às margens do rio Beberibe.

Quando seu pai faleceu, vítima da cólera, sua esposa Balbina teve que sair de casa, indo para um casebre na periferia da cidade. Zé Phelintra acompanhou-a, embora desgostoso, pois estava acostumado à boa vida, boas roupas e boa comida.

Durante o tempo em que ficou ao lado da mãe, Zé Phelintra foi iniciado no candomblé e no dia 24 de junho, três meses antes de completar 15 anos, foi "feito no santo", tornando-se portanto filho de Xangô com Iemanjá.

Uma febre violenta acabou por matar Balbina, que já vinha cheia de sofrimentos e desgostos. Dizem que antes de morrer chegou mesmo a se prostituir para arranjar dinheiro para si e para o filho.

Zé Phelintra, embora tivesse recebido uma educação exemplar do pai, não fora talhado para o trabalho pesado. Com pouca instrução, não teve outro remédio senão ingressar na boêmia, vivendo de favores de prostitutas e do jogo.

Mulato claro, sempre envergando um bom terno de algodão, gravata vermelha, sapato de cromo e chapéu panamá, Zé Phelintra viveu como quis, cercado de muitos amigos, muita bebida, música e confusão.

Sua comida predileta era a carne-seca assada na brasa, farinha de mandioca crua, rapadura, caju, coco e não lhe podia faltar uma boa panelada de caranguejo.

Foram muitas as brigas que Zé Phelintra arranjou por onde vivia. Sempre cercado de mulheres da vida, Zé não media qualquer esforço para defendê-las, ainda que estivessem erradas. Tomava sempre as dores dos mais fracos. Era o rei do carteado e a qualquer descuido ele tomava todo o dinheiro dos parceiros, sempre na malícia e esperteza.

Foi assassinado ainda jovem, antes de completar o seu ciclo de vida terrena e, ao desencarnar, tornou-se **Egum** que surge nos terreiros de **Lese Egum** com o nome de **Babá Odé Ilá Ilú**, sempre pronto para ajudar aos que a ele recorrem. No plano espiritual, Zé Phelintra demonstra ser muito interesseiro, e diz que não trabalha de graça para ninguém.

Os médiuns em que ele se manifesta precisam ter muita capacidade de recepção e domínio. Em suas manifestações Zé Phelintra gosta muito de versejar, conversar e jamais diz "não" a quem quer que seja. Reúne também qualidades de Exu e de criança (Ibejada), embora saiba-se que, no Catimbó puro, não existem Crianças nem Exus. O Catimbó, como já vimos, é uma mescla de tudo isso, apresentando-se numa outra forma típica.

ZÉ PHELINTRA

Uma outra versão sobre o Zé Phelintra é de que era filho de uma família de migrantes pernambucanos vindos do sertão daquele estado, fixando residência em Recife. Vivendo como boêmio, andando com prostitutas que faziam ponto nos portos da capital, Zé Phelintra granjeou a simpatia de muita gente, entretanto, por sua fama de valentão, fez muitos inimigos.

Devoto de Nossa Senhora do Carmo, Zé Phelintra também foi introduzido no Catimbó por seu amigo Mestre Zinho. Frequentando as mesas de Catimbó da Paraíba e de Pernambuco, Zé Phelintra entregou-se de corpo e alma à prática do Catimbó, e dominou os seus segredos. Uma das coisas que Zé Phelintra conseguia através do seu conhecimento mágico era transformar-se em bananeira sempre que era perseguido por policiais.

Protegendo suas incontáveis amantes e enfrentando quem maltratava as prostitutas, Zé Phelintra acabou sendo morto numa emboscada preparada por marinheiros.

O respeito que Zé Phelintra granjeou junto aos catimbozeiros foi incontestável. Como Mestre afamado no Catimbó, após a sua morte trágica, foi enterrado no Bosque Sagrado da Jurema (Alhandra-PB) passando, desde aquele momento, a ser cultuado pelos devotos.

A partir daquele evento, Zé Phelintra ficou ainda mais conhecido, já que suas façanhas continuaram a se multiplicar após a morte, tanto quanto foram propaladas em vida.

JOSÉ GOMES DA SILVA

Nascido numa família pobre, José Gomes da Silva, sem instrução e com pouca vocação para o trabalho, foi iniciado na malandragem, na cidade de Recife, nos fins do século XIX.

Seus pais eram de família honrada, e tentaram ensinar-lhe os caminhos do bem e do trabalho, mas o menino tinha outros interesses: o jogo, a bebida e as mulheres. Antes mesmo de atingir a maioridade, Zé Pelintra, como ficou conhecido, devido às suas pilantragens com os companheiros de farra, granjeou a simpatia das prostitutas e dos boêmios da cidade.

Aprendeu a jogar cartas e com elas defendia seu sustento quando escasseava o dinheiro das prostitutas às quais cafetizava. A vida noturna o atraía e Zé Pelintra encontrava nela uma perfeita integração. Dormia de dia e à noite saía para farrear com os amigos. Tinha um temperamento exaltado e nunca levava desaforo para casa. Tudo era resolvido ali mesmo na hora, fosse como fosse. As brigas de faca lhe eram bastante corriqueiras. Contam que o seu corpo contava mais de trinta cicatrizes, resultantes de ferimentos das inúmeras brigas nas quais se envolvia.

Zé Pelintra não tinha residência fixa. Sua moradia era nos botequins, nas boates, nas casas de jogo.

As histórias que se contam sobre o Zé Pelintra são inúmeras e uma delas diz respeito à sua virilidade. Dizem que numa noite de farra, depois de tomar mais de quinze cervejas ao lado de doze prostitutas, foi para a cama com elas e manteve relações com todas, levando-as ao delírio. Esta orgia durou uma noite e um dia inteiro. Talvez por esta razão as prostitutas o idolatrassem tanto, aliada ao fato de defendê-las com toda valentia.

José Gomes da Silva, embora tivesse sua origem humilde, gostava de vestir-se com esmero. Não dispensava uma rosa vermelha na lapela, bons ternos de casemira e gravata de seda. Parecendo um fidalgo, ele estava sempre entrando em todas as rodas de jogo que havia pela cidade. Às vezes entrava com pouco dinheiro e de lá saía com os bolsos cheios, gastando-o imediatamente em orgias pelas casas noturnas de Recife.

A música era seu ponto fraco. Gostava do frevo e do samba. Possuía vários violões os quais deixava em pontos estratégicos, para não ter que carregá-los nos bondes apinhados de gente. Seresteiro de alto coturno, seu José Gomes, apelidado Zé Pelintra, estava sempre em alto astral e em ritmo de festa.

Zé Pelintra era exigente em suas manias. Baralho só usava uma vez. Gravata só vermelha e de seda pura. Galinha só comia aos domingos. Cigarros só os de boa qualidade. Tudo para ele tinha de ser especial, do contrário ficava aborrecido e ia embora.

Tinha um coração generoso para aqueles que o agradavam. Mas detestava os que queriam se aproveitar da sua boa fé. Se lhe prometessem alguma coisa e não cumprissem, ficava furioso e dava o troco no momento oportuno. Essa era a personalidade de Zé Pelintra para aqueles que o conheceram.

Contam as histórias que José Gomes da Silva, o Zé Pelintra, fez uma viagem de barco para a Bahia, no vapor Barão de Itanhanhém que afundou em costas alagoanas. Zé Pelintra não deixou filhos e morreu muito cedo, sendo então um espírito do plano astral pronto a atender aos pedidos daqueles que necessitam de ajuda, desde que lhe sejam satisfeitas as vontades.

UMA PROVA IRREFUTÁVEL

Que Zé Pelintra existiu, disso não podemos duvidar, pois na literatura de Cordel encontramos inúmeros versos falando do Catimbó e suas figuras manifestas.

O mais conhecido poeta de cordel brasileiro, Leandro Gomes de Barros (1865-1918), nascido em Pombal na Paraíba, foi um contemporâneo de Zé Pelintra, e em vários dos seus mais de cem mil folhetos publicados menciona-o caracteristicamente. Também o trovador

Francisco das Chagas Batista (1896-1962) o menciona. As inúmeras cantigas existentes com menção de seu nome também são prova inconteste da existência do Zé Pelintra e de seus feitos em vida e no plano espiritual.

    Ainda que as versões sobre sua existência terrena sejam passíveis de controvérsias, não resta a menor dúvida de que ele é o benfeitor de milhares de crentes, praticantes ou não do Catimbó, que o reverenciam e dele obtêm ajuda para as mais diferentes finalidades.

ZÉ PELINTRA NA LITERATURA DE CORDEL

Dentre os variados assuntos de que tratam os trovadores e poetas nordestinos, o Catimbó ganhou espaço na literatura de cordel como podemos constatar pelos versos que se seguem, os quais nos foram brindados pela genialidade do poeta Francisco das Chagas Batista (1896-1962), pernambucano de nascimento, conhecedor profundo das coisas da sua terra.
Através de seus versos cadenciados, poderemos vislumbrar a magia e encanto do Catimbó, sua simplicidade e seus apelos, atrelados à figura marcante do mestre Zé Pelintra.

MANHAS DE UM CATIMBOZEIRO

Disto que chamam feitiço
Leitor, vou dar-te um roteiro
Vem comigo e entremos
Na casa dum catimbozeiro
O feitiço não te pega.
Passas comigo ligeiro

A casa é um velho mocambo
Na beira dum alagadiço
O catimbozeiro é um homem
Velho, franzino e mestiço
Se ocupa simplesmente
Em botar e tirar feitiço.

Penetramos no mocambo...
Olha o que dentro se faz
Aqui está o catimbozeiro
Conversando com um rapaz
Invocando o Zé Pelintra
Provando o que é capaz.

Disse o moço ao catimbozeiro:
– Quero que o corpo me feche,
E o feitiço que tenho
Nem o rastro em mim não deixe.
O velho disse consigo:
– Eu hoje escamo este peixe.

Respondeu-lhe o catimbozeiro:
– Hei de deixá-lo sarado
Se me der trinta mil réis
Verá o bom resultado
Tiro-lhe todo o feitiço
Deixo-lhe o corpo fechado:

Diga-me de que se queixa
Que eu quero examiná-lo,
Conte-me todo o seu mal
Para eu poder receitá-lo,
Tenha muita fé em mim
Que eu garanto salvá-lo.

Disse-lhe o moço: – Eu sinto
Minha cabeça pesada,
Vivo tonto, nada atino
Ouço uma grande zoada
Parecem sapos cantando
Numa algazarra danada.

Estou ficando pançudo,
O sangue está me faltando,
Sinto no interior
Uma coisa me arranhando,
E dentro dos intestinos
Eu ouço um gato miando.

E o senhor me garante
Deixar-me disto curado?
Respondeu-lhe o catimbozeiro:
– Pode ficar descansado,
Feitiços muito maiores
Eu já tenho arretirado!

Disse-lhe o moço: – Estou pronto
Para entrar em tratamento.
Respondeu-lhe o catimbozeiro:
– Só lhe dou medicamento
Ao depois que o senhor
Prestar um juramento.

Interrogou-lhe o rapaz:
– Diga o que devo jurar?
Disse-lhe ele: – O senhor jura
A Zé Pelintra agradar,
E ao glorioso Santo Antônio
Sua alma consagrar.

Depois que o rapaz jurou,
Disse o velho: – Nada tema,
Precisa beber agora
Uma dose de jurema
Que para o curativo
É de precisão extrema.

Tendo ele bebido a dose
Ficou muito esmorecido
Deitou-se sobre um jirau
Onde ficou adormecido
E o velho fez uma súplica
A um santo conhecido.

Quando o velho acabou
De fazer a oração
Deixou o moço dormindo
E abeirou-se do fogão
Deitando sobre umas brasas
Uns gravetos de chorão.

Tirou um grande cachimbo
De dentro de um patuá
E tirou de uma cambuca
Uns pedaços de imboá
Umas folhas de arruda
E de cobra um maracá.

Juntou tudo e uma parte
De cada coisa tirou
Pôs no cachimbo, acendeu-o
E a fumar começou,
Com o fumo que chupava
Ao doente defumou.

Durante a defumação
O catimbozeiro dizia:
– Vinde Zé Pelintra tirar-lhe
Da cabeça esta jia,
E tirar-lhe da barriga
Este bichinho que mia.

Então com um saco de areia
Começou a açoitar
A cabeça do doente
Porém dando devagar
Com muito jeito e cuidado
Para ele não acordar.

Depois de ter dado a surra
O catimbozeiro tirou
Dum torno um chifre de boi
E no fogo o queimou,
E junto às ventas do moço
Ele o tal chifre deixou.

Com a catinga do chifre
O doente acordou
Abriu a boca uma vez
De dentro o gato correu
E o velho catimbozeiro
Com um laço ele prendeu
E depois disse ao doente:
– Tirei o feitiço seu.

O doente perguntou-lhe:
– Então já estou curado?
Respondeu-lhe o catimbozeiro:
Seu feitiço está tirado,
Vou agora fechar-lhe o corpo
Depois pode ir sem cuidado.

– Se o senhor fechar-me o corpo
Garante eu não ter mais isso?
Disse-lhe o velho: – Garanto!
Você não tem mais feitiço!
O moço então respondeu-lhe:
– Pode fazer o serviço.

O catimbozeiro preparou
De jurema outro gole
E disse para o rapaz:
– Beba esta dose e durma,
Para que do mal se isole.

O moço bebeu a dose
E adormecido ficou...
Sobre um caixão de defunto
O catimbozeiro o deitou
Acendeu velas vermelhas
Com as quais o caixão cercou.

Benzeu meio litro de água,
Depois molhou nela a mão
E foi vagarosamente
Deitando sobre o caixão,
Enquanto fazia isto
Murmurava a oração:

– Meu mestre Zé Pelintra
Que muita sorte me traz
Que fecheis bem fechadinho
O corpo deste rapaz
Pra que não lhe entre feitiço
Por diante nem por detrás.

Livrai-o de osso rendido,
Espinhela caída e carne quebrada
De bala e ponta de faca,
De cacete e de emboscada,
De mordedura de cobra
E de toda coisa botada!

Quando o velho acabou
De fazer esta oração
Fez com a ponta do pé
Sete cruzes no caixão
E disse ao rapaz: – Acorde!
Que seu corpo já está são.

O moço ouvindo isto
Levantou-se de repente.
– Seu corpo está fechado,
Disse o velho – fique crente!
Que não lhe entra mais feitiço
Nem veneno de serpente.

Falta agora me pagar,
Disse o velho ao rapaz
O preço é trinta mil réis,
Por menos ninguém num faz.
O moço lhe deu o dinheiro,
Dizendo: – Valia mais!

Disse então o catimbozeiro:
– É bom saber-se disso,

Como o senhor foi correto
Vou completar o serviço
Vou ensinar ao senhor
Botar e tirar feitiço.

–Quando alguém lhe fizer mal,
Disse o velho – faça assim:
Apanhe na areia o rastro
Desse indivíduo ruim,
Bote em uma mochila
E enterre num cupim.

À proporção que os bichos
Forem a areia comendo
O sujeito também vai
Pouco a pouco esmorecendo
Fica como um esqueleto
Depois termina morrendo!

E quando quiser saber
Se o sujeito está iscado
Invoque seu Zé Pelintra
Que lhe será revelado;
Ele lhe mostrará como
O feitiço foi botado.

Se o feitiço for pouco
Você tira-o sem questão
Basta uma benzedura
E uma defumação
De besouro, imboá,
Chifre queimado e açafrão.

– Se é isto só – disse o moço –
Já aprendi o segredo
Estou com o corpo fechado
Agora ando sem medo,
Já tenho esse recurso,
Vou explorar ele cedo.

– Falta somente uma coisa,
Disse o velho ao rapaz,
É o senhor consagrar
Sua vida a viver em paz,
Agradar seu Zé Pelintra
Ser matreiro e sagaz.

Feitiço em muita gente
O rapaz logo botou,
A polícia o prendeu
E com uma surra o matou,
Por cima do mau feiticeiro
Todo o feitiço virou.

(Texto adaptado do folheto publicado em 1924 em Recife (PE), de autoria de Francisco das Chagas Batista.)

MANIFESTAÇÃO DO ZÉ PELINTRA NUMA MESA DE CATIMBÓ

Conforme podemos constatar em amplos estudos e pesquisas, o Catimbó não possui rituais estilizados, nem mesmo exigindo um período de iniciação do praticante, nem trajes, toques ou cerimônias especiais. Na verdade, o chefe do Catimbó, aquele que se responsabiliza por abrir uma mesa (Sessão de Catimbó), pratica um ritual muito semelhante às práticas espíritas comuns.

As entidades **(Eguns)** "acostam" durante a sessão de Catimbó, receitando, consolando, aconselhando e ministrando tratamento aos que a elas recorrem com seus males.

VISITANDO UMA SESSÃO DE CATIMBÓ NA BAHIA

Nos arrabaldes de Salvador, na estrada que vai para Itapagipe, nas palafitas dos Alagados, na Ilha de Mar Grande e Itaparica, na Gamboa, na estrada da Fazenda Grande e em tantos outros lugares, abrigadas em mucambos de lata e capim, outros melhores de taipa ou com telhas de barro, algumas ainda em boas casas de alvenaria, as mesas de Catimbó estão sendo abertas.

É noite, e pela janela entreaberta, uma réstia prateada de luz da Lua ilumina os rostos cansados dos fiéis catimbozeiros. Numa dessas mesas, poderemos encontrar nomes afamados do Catimbó baiano: Mestre João Inocêncio, Mestra Maria do Tororó, Mestre Júlio da Massaranduba ou Seu Sebastião Mão de Vaca.

Cerca de seis ou sete pessoas se comprimem numa saleta, cujos assentos são tambores e bancos de tira, feitos de madeira tosca. O mestre prepara os defumadores, os cachimbos, com fumo picado misturado com alfazema, e os charutos. Uma garrafa de Jurema, erva-doce, cravo-da-índia, casca de limão ou laranja, canela em casca estão à mão para serem misturadas e dadas a beber à entidade que "acostar". Todos os presentes são defumados.

Às vezes, a mesa é aberta no próprio chão, forrado ou não, onde se misturam garrafas de Jurema, cachimbos, novelos de linha, imagens de santos, crucifixo, amarrado de cordões e fitas, pequenos alguidares, maracás, bonecos de pano, cururus secos, fumo de rolo, velas, etc.

Todos agora estão concentrados em torno da mesa, que também pode ser aberta sobre uma mesa grande ou pequena, forrada com uma toalha alva. Sobre ela acendem-se velas vermelhas.

O Chefe da sessão abre a mesa iniciando a cantar o seguinte ponto:

"Oh! minha Santa Teresa
Pelo amor de Jesus
Abre a Mesa e dá licença
Santa Teresa,
Pelo irmão João da Cruz."

Outros pontos de abertura também são cantados e a seguir canta-se o seguinte ponto de chamada:

"Por Deus eu te chamo (bis)
Por Deus eu mandei chamar
Seu Zé Pelintra"(bis)

Deste modo, todos os Mestres desejados são chamados, um a um. O Chefe dos trabalhos (Mestre Carlos) é chamado inicialmente e, depois de manifestado, dá licença para os demais médiuns presentes irem recebendo os seus Guias.

Um dos presentes manifesta Zé Pelintra e este inicia seu trabalho, sempre assobiando e dando risadas. Toma um gole de cachaça e fuma um cigarro, soltando vigorosas baforadas nos presentes. Uma moça quer sua orientação:

– Deus te salve, seu Zé Pelintra!
– Deus te salva, minha filha!
– Me diga, seu Zé Pelintra, quero me casar com um rapaz... será que vai dar certo?
– Depende de você, minha filha.
– O que eu devo fazer para prender ele, seu Zé?
– Tem que fazer muito esforço... tem que saber agradar.
– O senhor me ajuda a prender ele, seu Zé?
– Ajudo sim, minha filha. Faça o que vou mandar...

Zé Pelintra dá então o cardápio com os diversos apetrechos que devem ser colocados num trabalho para amarrar o rapaz. Recomenda um banho de firmeza para a moça e diz finalmente o que deseja receber como agrado.

Depois que outros Mestres se manifestam, o Chefe da Sessão faz uma oração de encerramento dos trabalhos:

"Agradecemos a todos, de todo o nosso coração e de nossa alma, principalmente aos Guias protetores e familiares. Que todos continuem a nos prestar sua ajuda, a nos dar proteção e nos livrar dos males. Igualmente, rogamos pelos irmãos menores, que estejam em tribulações, sofrimentos e dificuldades ou perturbações. Sabemos que Deus continuará em nossas cabeças, em nossas almas e corações. E é com Deus, em Jesus Cristo, com a Virgem Maria Santíssima, com os nossos Guias, com os nossos protetores que declaramos terminados os nossos trabalhos de hoje. Que assim seja!"

E assim todos retornam para os seus lares, mais fortes, mais esperançosos de uma vida melhor. Suas mentes e seus corações estão cheios de energia e, desta forma, eles conseguirão superar as dificuldades do dia a dia. Terão mais paciência para esperar que o amanhã lhes sorria. A fé que remove montanhas foi uma vez mais estimulada. Cada um tratará de cumprir suas obrigações, executar seus trabalhos espirituais no momento mais propício.

Outros irão para casa preparar banhos de firmeza ou de descarga, conforme a indicação do Guia.

Amanhã será um novo dia! Outras tantas mesas de Catimbó serão abertas para atender aos fiéis em suas necessidades materiais e espirituais. Os Guias nunca estão de férias.

BANHOS RECOMENDADOS POR ZÉ PELINTRA

Assim como na Umbanda e no Candomblé, no Catimbó, os banhos de Firmeza e Descarga são aconselhados pelos Guias. Estes banhos, em geral, são preparados com ervas naturais, devendo-se evitar o uso de ervas industrializadas, pois muitas delas não contêm os ingredientes desejados.

O melhor a fazer é preparar seu banho em casa seguindo as seguintes recomendações:

1º) Coloque um litro de água pura numa chaleira para ferver.

2º) Num outro recipiente de alumínio, coloque as ervas que forem recomendadas para o banho.

3º) Quando a água estiver fervendo, despeje-a sobre as ervas que estão no outro recipiente e coloque uma tampa, para evitar que o vapor se perca.

4º) Quando a água esfriar, passe tudo num coador para outro recipiente limpo.

5º) Antes de banhar-se com as ervas recomendadas, tome um banho usando sabão da costa, ou qualquer outro sabão neutro.

6º) Após coar as ervas, procure jogá-las numa mata ou num jardim longe; jamais deverão ser jogadas no lixo.

7º) Após tomar o seu banho recomendado, lave com água pura o local, para que o mesmo possa ser usado posteriormente por outra pessoa sem sofrer nenhuma influência.

8º) Vista a roupa após o banho recomendado, voltando a banhar-se outra vez com água pura, no mínimo 7 horas depois.

9º) Os banhos aqui recomendados devem ser tomados do pescoço para baixo.

BANHOS DE DESCARGA

1. Nogueira
   Guiné
   Espada-de-são-jorge
   Arruda
   Cipó-mil-homens

2. Nogueira
   Espada-de-santa-bárbara
   Jaborandi
   Chapéu-de-couro
   Barba-de-velho

3. Folhas de Manjericão
   Folhas de Eucalipto
   Chá-de-brugre
   Guiné
   Alecrim-do-campo

4. Espada-de-são-jorge
   Comigo-ninguém-pode
   Folhas de Manjericão
   Verbena
   Abre-caminhos

5. Arruda
   Espada-de-são-jorge
   Guiné
   Espada-de-santa-bárbara
   Folhas de Manjericão

BANHOS DE FIRMEZA

1. Catuaba
   Guiné
   Arruda
   Folhas de Eucalipto
   Erva-de-são-joão

2. Folhas de Girassol
   Alecrim
   Catuaba
   Folhas de Coqueiro
   Folhas de Sabugueiro

3. Velame-do-campo
   Tapete-de-oxalá
   Quina-do-mato
   Folhas de Cipreste
   Verbena

4. Arruda
   Verbena
   Folhas de Samambaia
   Folhas de Cipreste
   Guiné

5. Manjericão
   Tapete-de-oxalá
   Folhas de Girassol
   Folhas de Louro
   Folhas de Coqueiro

6. Erva-de-são-joão
   Cipó-mil-homens
   Barba-de-velho
   Arruda
   Guiné

7. Noz-moscada
   Pau-ferro
   Erva-pombinha
   Guiné
   Espada-de-são-jorge

CUIDADOS ESPECIAIS

Em hipótese alguma deve-se beber o chá com estas ervas, pois a ação das mesmas é basicamente espiritual, atuando no corpo etéreo e espiritual. Como as dosagens não são prescritas aqui, corre-se o risco de envenenamento devido à ação tóxica de algumas ervas, as quais liberam seu princípio ativo junto às demais. Evite lavar olhos, boca e demais partes sensíveis do corpo.

O PONTO RISCADO DE ZÉ PELINTRA

Atualmente somente um ponto riscado foi apresentado pelo Zé Pelintra quando da sua manifestação como Exu.

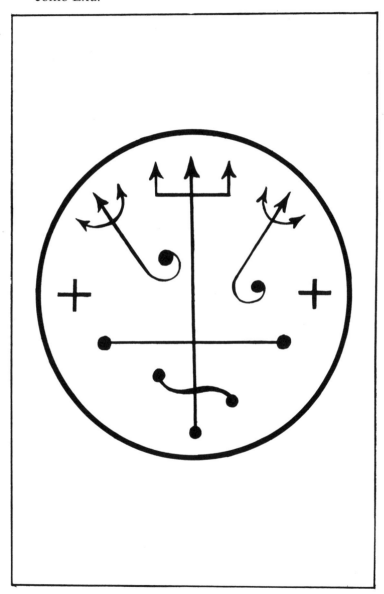

PONTOS CANTADOS DE ZÉ PELINTRA

Oh! meu senhor preto velho
Não vá se embriagar!
Venha buscar sua oferenda
venha, pra nós trabalhar!

Todo mundo tá sorrindo
Tamos aqui esperando
Nosso mestre não vai demorar.
Tamos aqui esperando
Esperando o mestre chegar.

Todo mundo tá sorrindo
Com seu colete de cipó...
Todo mundo tá sorrind,
Pra brincar no catimbó.

Vou chamar o Zé Pelintra
pra brincar no catimbó.
Treme terra, treme cipó
Que eu vou chamar Zé Pelintra
Pra brincar no catimbó.

Caboclo vai subindo
Vai pros pés do Redentor.
Vai pedir a Jesus Cristo
Pra acabar com a dor.

Quem vem lá? Quem vem lá?
Quem é que vem de tão longe?
Eles estão chegando cá
São os guias que vêm trabalhar.

♦ ♦ ♦

Quem vem lá de tão longe?
Quem tem guia pra guiar?
O Zé está chamando
Chamando pra trabalhar.

♦ ♦ ♦

Pelo amor de Deus, meu pai.
Pela graça dos meus guias.
Dai-nos forças pra lutar
Pra vencer todos os dias.
A lua come coco,
Que fará mistério...
Eu quero, eu quero
Eu quero
Oh! luar
Eu quero, quero.
Quero, como eu quero!

♦ ♦ ♦

Oh! Pelintra, oh! Pelintra
Tua fé caiu serena,
dentro deste Gongá.
Deus vos salve
Casa santa onde Deus fez a morada
Onde mora o cálix bento
E a hóstia consagrada

♦ ♦ ♦

Zé maior, Zé do pé da serra!
Zé maior, Zé do pé da serra!
Ele fuma, ele bebe
Ele é cabo de guerra.

♦ ♦ ♦

Corneteiro toca corneta
Pro choque da baioneta.
Zé, Zé, Zé.
Oh, Zé,
Ele vai mostrar quem ele é.

Oh, Zé,
Se tu vens de Pernambuco
Tem cuidado, tem cuidado.
Oh, Zé,
Se tu for, se tu vier,
Toma cuidado com amô
              dessas muié...

Eu me chamo Zé Pelintra
Eu nasci lá no sertão
Já fui muito arruaceiro
Mas defendi meus irmão...

Eu me chamo Zé Pelintra
Fui bebedor, fui bebedor.
Anoiteci no sereno
E seresteiro também sou.

O mestre vem ajudar,
Ele é negro de bem.
Visita todas as mesas
E não faz mal a ninguém.

Lá no cruzeiro divino.
Aonde as almas vão rezar.

As almas choram de alegria
Quando os filhos se combinam.
Também chora de tristeza
Quando não quer combinar!

♦ ♦ ♦

Eu chamo minhas almas
Elas vêm me ajudar.
As almas santas e benditas
Elas vêm me ajudar.

♦ ♦ ♦

Olha pra nós
Olha bem Zé tua parte na lua...
No meio dos bambuzais, ali na rua
Oh! Zé.

♦ ♦ ♦

Zé Pelintra!
Vem chegando nosso guia.
Zé Pelintra!
Caboclo grande!
Vem chegando nosso guia.

♦ ♦ ♦

Caboclo valente
Não vá se embebedar!
Vou te fazer oferendas
Que é pra você me ajudar.

♦ ♦ ♦

Mestre Zé vem chegando
Vem fumar e vem beber
Quando subir vai levar
Meu pedido pra atender.

♦ ♦ ♦

Vou arriar tua oferta
Tem bebida e farofa
Vou fumar este cigarro
E aguardar tua resposta.
Sou caboclo Zé Pelintra
Negro do pé derramado
Quem mexer com Zé Pelintra
Está doido ou danado.

Estou aqui, seu doutor
Zé Pelintra chegou.
Sou o Zé, sou de paz
Mas sei ser bravo, doutor.

Sou caboclo Zé Pelintra
Eu nasci no sertão.
Fui bebedor, fui malandro
Mas sei respeitar, seu doutor.

Eu sou rei no catimbó
Mas sou um rei bem humilde.
Sei trabalhar para o bem
Mas sei guerrear com quem
               me agride.

Eu sou o Zé, sou valente.
Eu sou guerreiro do bem.
Já bebi muito e amei
Já fui jogador também.

Eu sou o Zé, o boêmio.

Tenho cuidado dos fracos
Eu sou o Zé, rei da noite
Amo as mulheres e os bares.

♦ ♦ ♦

Eu gosto de um bom cigarro
Se quer me agradar, traga um
Gosto de uma boa pinga
Cachaça, cerveja ou rum.

♦ ♦ ♦

Eu gosto de tocar viola
Mas já não posso cantar.
Cante pra mim que eu te ajudo.
Ajudo no teu guerrear.
Sou tocador de viola
E também sou jogador
Eu me chamo Zé Pelintra
Sou malandro, sim senhor.

♦ ♦ ♦

Se me meto numa briga
Sempre saio vencedor
Eu me chamo Zé Pelintra
Sou malandro, sim senhor...

♦ ♦ ♦

Me traga uma mulher bem bonita
Traga ela pra dançar.
Traga um maço de cigarros
Que com você vou trabalhar.

♦ ♦ ♦

Me chamo Zé Pelintra
Como Exu eu sou doutor.
Meu planeta é Mercúrio.
Tanto mato como curo.

TRABALHOS OFERECIDOS A ZÉ PELINTRA

TRABALHO PARA PROTEGER DOS INIMIGOS

Mesmo que não tenhamos consciência deste fato, é muito provável que exista uma ou mais pessoas pensando ou mesmo desejando e intentando o mal contra nós de algum modo. Nem sempre os nossos inimigos verdadeiros se mostram. A principal arma dos inimigos é passar-se por amigo para ter oportunidade de nos fazer o mal.

Quando alguém se declarar seu inimigo, não tenha medo dele por duas razões muito simples: a primeira é que, não o temendo, você reduzirá pela metade a força do mal que ele possa lhe provocar; em segundo lugar, é que você já sabe quem é o seu inimigo e portanto ficará alerta.

Aqueles que você pensa serem seus amigos, e que no entanto não são, têm acesso ao seu lar, aos lugares onde você frequenta e sabem de toda a sua vida. Estes são os piores inimigos que você pode vir a ter. Mesmo em família, você pode ter inimigos ocultos. Estes podem ser parentes invejosos do seu sucesso, das suas realizações e de tudo quanto você possa ter.

Ninguém conhece melhor um inimigo que o mestre Zé Pelintra. Malandro como ele só, escolado na vida mundana, mestre Zé Pelintra sempre foi capaz de perceber de longe aqueles falsos amigos, pondo-os a descoberto e dando-lhes o merecido castigo.

Com este trabalho oferecido ao mestre Zé Pelintra, você estará protegido dos inimigos e do mal que eles poderiam lhe causar.

Material a ser usado:

– vela preta
– vela vermelha
– uma garrafa de cachaça
– um pedaço de papel (3cm x 3cm)

Como fazer o trabalho:

Caso você já saiba quais são seus inimigos, escreva seus nomes no pedacinho de papel. Caso você não saiba quem são eles, bastará escrever: "TODOS OS MEUS INIMIGOS OCULTOS". Pegue a vela vermelha e faça outra ponta nela, deixando-a portanto com dois pavios. Com uma faca afiada, faça uma pequena fenda no meio da vela vermelha, de modo a poder introduzir ali o pedacinho de papel escrito com os nomes dos seus inimigos. Depois que introduzir o papelzinho, use as aparas da vela para tapar o buraco.

Numa sexta-feira, à meia-noite, vá para uma encruzilhada e, depois de pedir licença a Exu e Ogum, deixe o seu trabalho ali. Acenda a vela preta e depois a vela vermelha de ambos os lados. Diga depois esta frase:

EXU ZÉ PELINTRA, TOME CONTA DESTAS PESSOAS, PARA QUE ELAS NÃO ME FAÇAM NENHUM MAL E QUE NÃO ME ATAQUEM DE NENHUMA MANEIRA. DESTE MOMENTO EM DIANTE, SEU ZÉ PELINTRA, TOME CONTA E PRESTE CONTA. EU PROMETO QUE SE FOR ATENDIDO, VOLTAREI COM UM PRESENTE MUITO MELHOR.

TRABALHO PARA TER SORTE NO JOGO

Algumas pessoas apreciam o jogo, mas infelizmente não têm sorte e acabam perdendo o que têm e mesmo o que não têm. Sabe-se que Zé Pelintra foi em vida um jogador contumaz, conhecedor de todo tipo de jogo que havia em sua época e, segundo as histórias, ganhava sempre, usando de malandragem e astúcia.

O jogo como forma de diversão é bom; entretanto, quando uma pessoa se torna viciada, esquecendo-se do trabalho e de cumprir com as suas obrigações, é quase certo que a desgraça e ruína a esperam nas mesas de sinuca, no carteado, nas roletas e nos tabuleiros de damas.

"Sorte tem quem acredita nela" é um dito popular, entretanto algumas pessoas abusam da sorte. Se você joga para se divertir, então não há o que temer. Apenas aposte aquele dinheiro que não vai lhe fazer falta. Tire antes a despesa da família, para que esta não venha a ser prejudicada. Depois disso, você poderá se divertir a valer e quem sabe até mesmo ganhar algum dinheiro extra, se tiver esperteza e malandragem suficiente. Seu Zé Pelintra recomenda como bom jogador que foi: "Quando estiver ganhando, é hora certa de ir embora!"

Ofereça este presente ao Zé Pelintra e ele vai colaborar com a sua sorte no jogo. E não se esqueça das recomendações que ele faz.

Material a ser usado:
– um baralho novo
– sete velas brancas
– três garrafas de cachaça
– uma toalha branca
– um prato de farinha de mandioca
– um pedaço de carne-seca
– três cravos vermelhos
– um maço de cigarros finos.

Como fazer o trabalho:

Numa segunda-feira, leve todo o material para as proximidades de uma casa de jogos, de preferência onde você saiba existir jogo clandestino.

Quando o recinto escolhido tiver fechado suas portas, estenda a toalha do lado esquerdo da entrada e coloque sobre ela as oferendas trazidas. Peça licença a Oxalá antes de iniciar.

No centro da toalha, coloque o prato de barro com farinha e a carne-seca. Abra as garrafas de cachaça e derrame um pouco em cruz fora da toalha, salvando seu Zé Pelintra. Após isso, acenda as sete velas e espalhe-as em torno da toalha. Acenda três cigarros e coloque-os sobre a carteira, com as pontas voltadas para fora. O restante dos cigarros do maço devem também ser retirados um pouco para fora, de modo a aparecerem as pontas. Ao lado do maço de cigarros, coloque o baralho fechado e ao redor dele os três cravos vermelhos.

Repita três vezes a seguinte frase:
ABRE-ME AS PORTAS DA SORTE NO JOGO, SEU ZÉ PELINTRA. AJUDA-ME A GANHAR EM TODOS OS TIPOS DE JOGOS QUE TE AGRADAREI CADA VEZ MAIS.

TRABALHO PARA ADQUIRIR SAÚDE

De todos os bens terrenos, a saúde é o principal deles. Sem ela, a vida do ser humano não tem o menor sentido. Podemos ter dinheiro, amor das outras pessoas, muitos bens materiais, prestígio e poder material, mas se não tivermos perfeita saúde, nada disso nos servirá.

A saúde é um dom divino, oferecido graciosamente por Deus e cabe a nós conservá-la por todos os meios possíveis. Não devemos desperdiçar nossa saúde na esperança de que ela seja à prova de todos os males. Olhe à sua volta e veja quantas pessoas padecem de doenças horríveis, muitas delas sem cura. A maioria das pessoas não sabe que certas doenças foram adquiridas em outras encarnações, por mero descuido e falta de sabedoria.

Você está vivo graças ao poder divino que existe em todos nós. Cabe a você cuidar do seu corpo e da sua alma, evitando se contaminar física e espiritualmente. O semelhante atrai o semelhante, esta é uma lei kármica. Fazendo o bem, ajudando o próximo, visitando os doentes, você paga as suas dívidas e se livra das doenças trazidas de outras encarnações.

Agindo com prudência, evitando extravagâncias, você evita contrair novas doenças que só podem enfraquecer o corpo e levá-lo à morte prematura. Seu Zé Pelintra aconselha: "É bom se cuidar para não adoecer. Comer bem, dormir cedo, contar piada, fazer amor, prolonga a vida; e, acima de tudo, cantar diariamente."

Material a ser usado:

– toalha xadrez nas cores branca e vermelha
– sete velas brancas
– sete velas vermelhas
– sete cravos vermelhos
– uma garrafa de vinho branco
– um prato de barro com feijoada completa
– um chapéu panamá (ou de palha, novo)

Como fazer o trabalho:

Antes de fazer o trabalho, é recomendável tomar um banho de descarga, conforme já foi ensinado neste livro.

A feijoada deve ser preparada para toda a família, mas antes de servi-la deve-se tirar um prato cheio para ser ofertado ao Zé Pelintra. O que sobrar será dado às pessoas.

O melhor dia é segunda-feira. A hora, de preferência meia-noite. O local deve ser próximo a uma boate ou casa de diversões frequentada por muita gente, onde haja música, bebida e alegria.

Espera-se o momento oportuno e, nas proximidades da tal casa escolhida, leva-se o material para o trabalho.

Pede-se licença a Oxalá e em seguida estende-se a toalha no chão. No centro da mesma, coloca-se o prato com a feijoada e ao redor dele acende-se as velas. Primeiro as brancas, depois as vermelhas. Os demais objetos são colocados sobre a toalha, e a garrafa de vinho branco deve ser aberta. Derrama-se dos dois lados (direito e esquerdo) da toalha e fora dela um pouco do vinho em forma de cruz e depois recoloca-se a garrafa ao lado do prato de feijoada. Faz-se o seguinte pedido:

EU TE OFEREÇO ESTES PRESENTES, SEU

ZÉ PELINTRA, PARA QUE PROTEJAS A MINHA SAÚDE, TANTO MATERIAL COMO ESPIRITUAL. CURA AS MINHAS DOENÇAS E PROTEGE O MEU CORPO CONTRA QUALQUER ENFERMIDADE. PEÇO A SUA FORÇA, SEU PODER E A SUA VITALIDADE. VOLTAREI COM MAIS PRESENTES PARA O SENHOR SE MEU PEDIDO FOR ATENDIDO.

Após fazer isto, dê sete passos para trás e vá embora. Cuidando para daí a sete, quatorze ou vinte e um dias, voltar com outra oferenda para o Zé Pelintra, conforme prometido.

TRABALHO PARA QUEBRAR UMA DEMANDA

Assim como as entidades espirituais têm o poder de curar, também possuem o poder para tirar a saúde. Enquanto você pensar deste modo, não se descuidará em agradar seus Guias para que o protejam contra males que possam estar caminhando em sua direção pelo desejo de outras pessoas.

É necessário que você entenda que Seu Zé Pelintra não é bom nem ruim, do ponto de vista humano. Sua força é como a de um poderoso elefante, que tanto pode ser usada para erguer enormes barras de ferro a serviço da construção de um edifício, como também pode jogá-las contra um prédio e destruí-lo. Quem é o responsável direto pelo serviço executado é o pedinte.

Assim sendo, convém ao irmão de fé oferecer periodicamente um trabalho ao Seu Zé Pelintra, fazendo com que a sua força poderosa seja usada para desmantelar qualquer feitiço ou encantamento feito contra a sua pessoa.

Seguindo os preceitos aqui recomendados, você pode estar seguro de sua vitória, pois, dependendo de Seu Zé Pelintra, aquilo que for do seu desejo será feito.

Mas não esqueça de que ele não trabalha de graça e, como sempre foi muito interesseiro, estará a seu serviço por conta dos presentes da melhor qualidade que lhe forem oferecidos.
    Realize o trabalho com fé e tudo lhe será favorável.

Material a ser usado:
– uma toalha vermelha
– sete velas vermelhas e três pretas
– um maço de cigarros finos
– três cigarrilhas de boa qualidade
– três caixas de fósforos
– uma garrafa de vinho tinto
– uma garrafa de batida de limão
– um copo virgem
– um pedaço de papel
– um ramo de arruda
– um ramo de guiné

Como fazer o trabalho:

    Escolha uma sexta-feira, uma encruzilhada em forma de **x** e leve para lá todo o material descrito acima. Escreva o nome da pessoa que você soube ter feito um trabalho contra você. Se não souber o nome, escreva apenas: "QUEM FEZ A DEMANDA CONTRA MIM". O nome ou a frase deve ser escrita em forma de cruz. Ou seja: escreve-se uma vez em linha reta e depois outra vez cruzando a linha escrita.
    Chegando à encruzilhada, salve a Ogum, acendendo uma vela vermelha no meio dela. A seguir, estenda a toalha vermelha no meio da encruza e coloque

sobre ela os apetrechos trazidos. Abra a garrafa de vinho tinto. Abra a garrafa de batida de limão e espalhe sempre em cruz, ao lado e do lado de fora da toalha, salvando seu Zé Pelintra. Em seguida, encha o copo com a batida de limão e ponha-o no centro da toalha. Pegue o papel com o nome escrito em forma de cruz e coloque dentro da garrafa de batida de limão que foi aberta. Abra as três caixas de fósforos e acenda os restantes das velas. Deixe as caixas de fósforos abertas. Pegue com a mão direita o ramo de arruda e com a mão esquerda o ramo de guiné e bata com eles na garrafa de batida de limão dizendo a seguinte frase:

EU TE OFEREÇO ESTES PRESENTES, SEU ZÉ PELINTRA. EU TE OFEREÇO ESTES AGRADOS, SEU ZÉ PELINTRA. TE PEÇO FORÇAS E VITALIDADE E QUE TOMES CONTA DA PESSOA QUE FEZ UMA DEMANDA CONTRA MIM. QUE TU QUEBRES ESTA DEMANDA E TOMES CONTA DELA, ME DEFENDENDO E LIVRANDO DE QUALQUER MAL. QUE ASSIM SEJA!

Após isso, cante ou recite um ponto do Zé Pelintra e depois de pedir licença para se retirar, dê sete passos para trás. Salve todo o Povo da Encruza e peça licença para ir embora. Salve também Ogum, pedindo a ele sua proteção e licença para ir embora. Após isso, deve retornar para casa e tomar um banho de firmeza, dentre os que já foram recomendados neste livro.

TRABALHO PARA SEDUZIR MA MULHER

Nenhum **egun** conhece melhor as mulheres que Seu Zé Pelintra. Ele foi um boêmio, adorava as mulheres e vivia sempre rodeado das mais bonitas que havia em Recife no seu tempo. Não eram só as mulheres de vida fácil que se apaixonaram pelo Zé Pelintra Valentão. Muitas, de inconfessável paixão, atiraram-se aos seus pés, implorando uma noite de amor.

Dono de uma lábia fenomenal, experiente na arte de cativar as mulheres, Seu Zé Pelintra não perdia uma "cantada", quer com a sua prosa envolvente, quer com as serestas de improviso que fazia sair de seu violão sempre afinado com o coração das mulheres que o ouviam enternecidas.

Muitas dessas mulheres tornaram-se amantes fiéis do Zé Pelintra até os últimos dias de vida. No plano espiritual, ele continua dando seus conselhos sábios, de quem teve a experiência e sabe das coisas com maestria.

Conquistar uma mulher nem sempre é uma coisa fácil. Elas às vezes se fingem cativadas, mas seu coração por vezes bate por outro que vive distante e lhes é inatingível. Mas, Seu Zé Pelintra garante: "Mulher

que eu amarro tá amarrada para sempre. Palavra de Zé Pelintra."
Você não deve desistir de um amor que julga impossível. Pode ser difícil hoje, mas não o será amanhã. Com uma ajudazinha de Seu Zé Pelintra, você poderá ter aos seus pés aquela mulher que lhe rouba as noites de sono.

Material a ser usado:
– uma toalha xadrez vermelho e branco
– um prato de barro virgem
– sete pastéis de carne
– uma garrafa de vinho branco
– uma garrafa de cachaça
– uma peça de roupa ou qualquer coisa de uso pessoal da mulher que deseja seduzir (fio de cabelo, apara de unha, botão, fotografia, carta escrita por ela etc.)
– sete cravos vermelhos
– sete velas brancas

Como fazer o trabalho:

Antes de ir ao local para deixar o trabalho você deverá tomar um banho de firmeza, conforme já lhe foi ensinado neste livro. Após isso, escolha uma casa onde vivam prostitutas, e à meia-noite vá até lá deixar o seu trabalho.
Do lado de fora, nas proximidades da casa escolhida, estenda a toalha, peça licença a Oxalá e coloque sobre a mesma os objetos trazidos. Acenda as velas e cante um ponto do Seu Zé Pelintra. Pegue o objeto da

pessoa que deseja seduzir, segure com as duas mãos sobre o coração e diga as seguintes palavras:

TE ENTREGO AO SEU ZÉ PELINTRA, PARA QUE POSSA FAZER VOCÊ ME AMAR DE TODO O CORAÇÃO. TE ENTREGO AO SEU ZÉ PELINTRA, PARA QUE VOCÊ SE SINTA POR MIM ATÉ O ÚLTIMO DIA DE SUA VIDA. A PARTIR DE AGORA VOCÊ SÓ PENSARÁ EM MIM. SALVE SEU ZÉ PELINTRA! SALVE SEU ZÉ PELINTRA! SALVE SEU ZÉ PELINTRA!

A seguir coloque o objeto da pessoa visada debaixo do prato de barro contendo os pastéis, abra a garra de vinho branco e derrame um pouco fora da toalha sempre em forma de cruz. Faça um círculo com os cravos vermelhos em torno do prato de barro e depois faça uma oração ao seu santo protetor.

Após isso, saia andando de costas, até perder de vista o seu trabalho.

Durante os próximos sete dias não procure a pessoa visada. Caso ela o procure, dê alguma desculpa para não vê-la de modo algum. Caso a pessoa o encontre casualmente, você terá que repetir todo o trabalho para que tudo funcione. E não se esqueça de agradecer ao Seu Zé Pelintra, quando tudo estiver resolvido, conforme o seu pedido.

TRABALHO PARA QUEM TEM MEDO DA NOITE

Andar de madrugada envolve sempre muitos riscos, principalmente nos dias de hoje, com tanta violência nas cidades grandes. Nem mesmo os homens de coragem se arriscam a perambular por ruas escuras em horas mortas. Nem todos têm a coragem e a ousadia de Seu Zé Pelintra, malandro velho, conhecedor dos becos e vielas da vida.

O medo pode ser afastado com a coragem e Seu Zé Pelintra faz uma advertência: "Quem tem medo do escuro deve dormir de olho aberto." Na sua sabedoria e magnífica filosofia de vida, Seu Zé Pelintra ensina que se deve evitar o perigo, sabendo por onde andar. Não confiar em todo mundo e estar sempre preparado para o pior.

Este trabalho que segue tem a finalidade de destruir o medo das pessoas que receiam andar de noite, por necessidade, quer a trabalho, quer para se divertir.

Deve ser repetido durante sete meses, mudando-se os presentes ofertados ao Zé Pelintra, que sempre está interessado em coisas novas, boas e agradáveis.

Material a ser usado:
– uma rapadura
– sete cajus maduros

- uma garrafa de cerveja
- uma toalha vermelha
- sete velas vermelhas
- sete velas brancas
- uma gravata vermelha
- um copo virgem
- um maço de cigarro de boa qualidade
- uma folha de papel e lápis virgem (sem uso)

Como fazer o trabalho:

Escolha uma segunda-feira, de preferência por volta da meia-noite. Leve todo o material recomendado próximo de uma delegacia. Estenda a toalha nas proximidades da delegacia e peça licença a Oxalá para ali deixar o seu trabalho. Coloque todos os objetos sobre a toalha.

Abra a garrafa de cerveja e encha o copo virgem. Derrame em volta da toalha, sempre em forma de cruz, um pouco de cerveja e depois recoloque a garrafa no centro da toalha.

Acenda as velas e abra o maço de cigarros, deixando-os com as pontas para fora.

Apanhe o papel, desenhe nele o Ponto Riscado de Seu Zé Pelintra e o coloque debaixo do copo de cerveja. Entoe ou recite um ponto cantado e depois diga as seguintes palavras:

LEVA EMBORA DE MIM TODOS OS MEUS MEDOS, SEU ZÉ PELINTRA. FAZ COM QUE EU ENFRENTE A NOITE COMO ENFRENTO O DIA, SEM NADA TEMER, SEM FRAQUEJAR. LEVA MEU MEDO E ME DÁ CORAGEM PARA ENFRENTAR O QUE FOR.

Após dizer estas palavras, cante mais um ou dois pontos do Zé Pelintra e peça licença para se retirar.
Peça licença a Oxalá e saia dando sete passos para trás de costas, e vá para casa imediatamente.

Prepare um banho de descarga antes de dormir e, conforme já foi dito inicialmente, repita o trabalho de agrado ao Zé Pelintra durante sete meses, fazendo sempre uma vez por mês, de preferência na terceira segunda-feira de cada mês.

Lembre-se de renovar sempre as ofertas e presentes ao Zé Pelintra que aprecia entre outras coisas:

– cachimbo
– fumo-de-rolo
– chapéu de palha
– meia branca
– carne assada na brasa
– charuto
– perfume
– baralho virgem etc.

BIBLIOGRAFIA

1. AZEVEDO, Pedro – Cultura Nordestina. Ed. Artes Gráficas, Salvador, 1962.
2. CAMPOS, Sabino Barbosa – Catimbó. Ed. Civilização Brasileira, Rio de Janeiro, 1968.
3. FERREIRA Ascenso – Catimbó. Oficinas da Revista do Nordeste, Recife, 1927.
4. FREYRE, Gilberto – Casa Grande e Senzala. Ed. Circulo do Livr, São Paulo, 1980.
5. FREYRE, Gilberto – O Brasil em face das Áfricas Negras e Mestiças. Ed. Lusitana, Lisboa, 1963.
6. GONÇALVES, Fernandes – O Folclore Mágico do Nordeste. Ed. Civilização Brasileira, Rio de Janeiro, 1968.
7. LOPES, Octaviano – Catimbó no Brasil. Ed. Espiritualista, Rio de Janeiro, s/d.
8. MOLINA, N. A. – Saravá seu Zé Pelintra. Ed. Espiritualista, Rio de Janeiro, s/d.
9. RIBEIRO, José – Magia Africana. Ed. Espiritualista, Rio de Janeiro, s/d.
10. VALENTE, Valdemar O. – O Catimbó Pernambucano. Oficina da Revista do Nordeste, Recife, 1923.

Este livro foi impresso em agosto de 2020, na Gráfica Vozes, em Petrópolis.
O papel de miolo é o offset 75g/m², e o de capa cartão 250g/m².